AF326459

LETTRE

SUR LE DISCOURS

DE

M. LE COMTE

DE WINDISGRAETZ,

Qui traite du Pouvoir d'un Monarque sur la Constitution de ses Etats,

ADDRESSÉE

A Monsieur l'Abbé DE BON CONSEIL, Par un vrai Patriote, bon Citoyen & zélé Sujet.

M. DCC. LXXXIX.

LETTRE

Sur le Discours de Mr. le Comte De Windisgraetz, qui traite du Pouvoir d'un Monarque sur la Constitution de ses Etats, &c.

Vous avez eu la complaisance, mon cher Abbé, de m'envoyer le Discours du Comte de Windisgraetz, dans lequel il s'efforce de prouver qu'un Monarque n'a pas le pouvoir de changer la Constitution de ses Etats, quand même elle seroit vicieuse. Croiriez-vous que j'ai eu le courage de le lire d'un bout à l'autre, & que j'ai rempli cette tâche pénible, sans qu'aucun des nombreux raisonnemens, abstraits & paradoxaux, dont ce Discours est rempli, ait fait la moindre sensation sur mon ame ou sur mon esprit? Je dois convenir cependant qu'après en avoir achevé la lecture, je n'ai pu éviter de sentir l'impulsion frappante de l'étonnement, lorsque j'ai réfléchi au temps, au lieu, aux circonstances dans lesquelles ce Chambellan de l'Empereur a publié cet Ouvrage. Je ne suis pas encore revenu de cette surprise, & me voilà déjà occupé à vous faire part de mon sentiment sur la matiere qui en fait l'objet. Vous jugerez de la valeur de mes réflexions, & si elles obtiennent votre suffrage, je serai parfaitement content.

D'abord le Discours du Comte D. W. pèche dans le principe qui en est la base, & qui l'alimente dans toutes ses parties; car, il n'est *pas vrai que tout pouvoir d'un homme sur un autre homme suppose une convention.*

Comment, par exemple, pourroit-on en attribuer une aux Paysans Russes avec leur Chef, en vertu de laquelle celui-ci a le pouvoir de les vendre, de les donner à qui il lui plaît avec la terre qu'ils habitent ou cultivent ? Quelle pourroit être la convention existente entre les Peuplades Noires de l'Afrique avec ces Roitelets qui les vendent à des hommes blancs, pour être transportés dans un autre hémisphère, & y gémir sous le poids des travaux les plus laborieux, auxquels ils succombent en peu de temps ? Par quelle convention les cultivateurs de la fertile Asie se sont-ils engagés à abandonner de temps-en-temps ces climats heureux, pour aller se faire périr ou massacrer sur les bords, ou dans les marais du Danube, à la seule volonté du grand Seigneur, de son Visir, ou de son Divan ? Quelle est la convention qui a donné aux ancêtres du Comte D. W., & qui lui a donné à lui-même le droit ou le pouvoir sur les sujets (*Nutrthanun*) de les contraindre de travailler tant de jours de l'année à fer-

tilifer fes champs, en négligeant la culture
des leurs au grand détriment & préjudice
d'eux & de leurs familles ? Pourroit-il en mon-
trer l'acte ou la chartre originelle ? Ce font
pourtant là des pouvoirs qui s'exercent jour-
nellement d'homme fur homme. Que doit-on
donc conclure de ces faits fi avérés ? fi ce
n'eft que par le mot *pouvoir*, le Comte D. W.
aura voulu fignifier le mot *Droit* (a) ; fans
cela il eft clair que fon principe eft complettement erroné.

Le vrai axiome eft, que tout pouvoir quel-
conque a fa fource, ou dans la nature des
chofes, ou dans la force des uns oppofée à
la foibleffe des autres ; ou bien, & cela très-
fouvent, dans la loi impérieufe de la néceffité.

Si par l'expreffion *Pouvoir*, le Comte D. W.
a voulu défigner la *puiffance*, cela change-
roit la thèfe ; mais fon principe à ce fujet
n'en deviendroit pas plus admiffible. Ce n'eft
d'ailleurs que de la Puiffance Souveraine qu'il
puiffe être queftion dans fon Difcours : & celle-ci, quoiqu'on en dife, vient, fans contre-
dit, de l'Être-Suprême, Auteur de la nature,
qui, par conféquent, a tout pouvoir fur cette
nature, tant dans fa totalité que dans chaque
animal, ou autre partie qui en fait membre.

(a) Encore y a-t-il des droits requis fans convention antérieure.

(a) Rien ne peut détruire cette vérité in-contestable ; les plus grands efforts que les lumieres supposées du siecle où nous vivons, pourroient y employer, seroient insuffisans pour la contredire. Tous les sophismes que l'intérêt ambitieux, ou l'esprit de Corps du Clergé tenteroit d'alambiquer pour y donner atteinte, ne produiroient d'autre effet que l'examen des motifs pour lesquels ce Corps se détermineroit à renverser, dans les circonstances actuelles, les maximes qu'il a constamment soutenues dans tous les temps.

Tous les excès auxquels l'esprit d'insubordination, masqué sous le nom d'amour ou désir de la liberté, pourroit se livrer encore, à l'instigation de ces mêmes Prêtres, & de quelques autres ambitieux, qui en inspireroient le faux enthousiasme aux peuples ignorans & crédules, ne serviroient qu'à dévoiler de plus en plus, l'heureuse évidence de cette vérité.

(a) Cela est si vrai, que sans la volonté, ou l'émanation du pouvoir général de l'Être-Suprême, qui dirige la Nature, aucun succès n'auroit jamais couronné ni les armes des conquérans, ni les détours subits des imposteurs fanatiques, ni l'éloquence des Législateurs, ni enfin tous les efforts de tous ces hommes industrieux, qui ont fondé, ou se sont procuré *la Puissance Souveraine*, & l'ont même transmise à leurs descendans.

Si j'ajoutois à l'appui de ces affertions, les témoignages des livres Saints, ou de leurs interprêtes, peut-être ne voudroit-on pas y avoir le moindre égard; fi d'un autre côté, j'alléguois ces paroles, Roi, Empereur, Pontife, &c. par la grace de Dieu, par la miféricorde divine, &c. je prêterois probablement encore le flanc aux oppofitions des Philofophes du fiecle: (a) je n'en ferai donc aucun ufage, je n'en ai même pas befoin; il ne faut que recourir aux événemens que nous tranfmet l'Hiftoire des Nations, ils fuffifent abondamment à conftater comment la Puiffance Souveraine s'eft introduite dans l'Univers.

On feroit tenté d'être de l'avis du Comte D. W., fi on devoit fe rappeller ces conventions fociales, faites entre les premiers hommes qui fe réunirent en fociété, par lefquelles le pouvoir, ou le foin de veiller à leur félicité & fûreté communes, fut confié à un feul ou à un petit nombre d'entr'eux; & l'on fe détermineroit pour l'avis contraire, en fe repréfentant ces temps où le pouvoir partriarchal, qui dérivoit de la feule loi naturelle, préfidoit au bonheur des familles. Mais, ces pouvoirs, ces conventions s'étant évanouis &

(a) Ceux-ci n'admettent plus l'authenticité de ces Livres, ils en tournent même quelquefois en ridicule, les maximes & les expreffions.

confondus dans les formations des grandes Peuplades ou Nations, il n'en peut pas être question ici, non plus que de tous les autres objets du même genre, traités par l'Auteur du Contrat-Social.

Aucun de ceux-ci ne peut avoir de rapport avec celui duquel je dois supposer que le Comte D. W. ait voulu s'occuper dans son Discours, & qui ne peut être autre que la Puissance Souveraine, telle qu'elle existe aujourd'hui sur ce globe, effectivement, & dans le fait : & non telle que le Comte D. W. la représente, assujettie aux entraves de la légalité avec toutes les causes qu'il y a annexées : la vouloir ainsi, c'est vouloir une chimere semblable à l'*Utopie*, & à tant d'autres, qui n'ont jamais existé que dans l'imagination de quelques spéculateurs philantrophes ; & parmi celles-là, le Discours du Comte D. W. est digne de tenir un rang distingué. Mais dans l'état des choses telles qu'elles sont actuellement, & non telles qu'elles pourroient ou devroient être, vous ne sauriez, mon cher Abbé, désapprouver que je vous présente ici quelques réflexions y analogues ; quoique différentes de celles du Comte D. W.

Voyons donc ce que nous trace le fidele craion de l'Histoire, sur l'origine & l'étendue de la Puissance Souveraine.

Il nous la repréſente d'abord introduite dans la plupart des Empires, Royaumes, &c. par la force des armes des Conquérans, qui en ſoumirent les Peuples à leurs Loix, ſans ſonger ſeulement qu'il leur falloit une convention. Il nous repréſente enſuite ces Souverains, diſpoſant de la vie & des biens de leurs ſujets, ainſi ſoumis pour étendre leur domination & leur puiſſance, au point de pouvoir la tranſmettre paiſiblement à leurs deſcendans, dans toute l'étendue que le droit du plus fort y avoit attribué. Tel eſt l'Empire de la Chine, qui n'en eſt pas pour cela moins doux & heureux. Telles ſont auſſi preſque toutes les Souverainetés de l'Aſie & de l'Europe : & pour une, où, comme en Angleterre, la Conſtitution prévaut quelquefois ſur cette Puiſſance, il y en a vingt où la même Puiſſance n'eſt ſujette à aucune Conſtitution.

Il eſt bien vrai qu'elle s'eſt introduite dans quelques climats, par l'adreſſe de ces impoſteurs habiles, qui, à l'aide du fanatiſme & de la ſuperſtition, ont ſu ſoumettre à leurs loix des Peuples Barbares, éblouis par leur diſcours & leurs ſtratagêmes : & fonder, par ces moyens, une Puiſſance Souveraine plus étendue & plus reſpectée que celle établie par le droit de Conquête. Tel eſt l'Empire Ottoman, tel fut celui des *Califes* ; Mais jamais les ruſes de ces impoſteurs habiles ne ſe ſont exercées à former ou créer leur puiſſance par une convention.

L'on remarque d'ailleurs, par les événemens que nous cite l'Histoire, que la paix, le
calme, & le bonheur de tous les grands Etats
où la Souveraine Puissance a été ainsi établie,
sans limites, ont été constamment les plus
stables, & les moins exposés aux tempêtes
politiques : tandis que dans les Etats plus ou
moins vastes, où on a voulu fonder la Souveraine Puissance sur des conventions, ou
Pactes nationaux, les révolutions se sont toujours succédées avec la plus grande vélocité,
jusqu'à ce que l'ambition d'un seul, en triom-
phant de ses concurrens, comme de la Nation, a concentré dans sa personne & dans sa
famille, cette Puissance Souveraine, de laquelle seule il puisse être ici question : ou jusqu'à ce que les intérêts des Puissances voisines
parviennent à la diminuer au point, qu'à leur
premier accord, elles sont les maîtresses de
l'anéantir & d'en partager entr'elles les parties qui leur sont convenables. C'est ce qui,
passé quelque temps, est arrivé à la République de Pologne, comme l'événement qui pré-
cede vient de se réaliser dans celle des Pro-
vinces-Unies.

Les derniers troubles de Genève : la di-
minution successive de l'influence de Venise,
l'Etat précaire des Républiques de Raguse,
de Lucques, de Monaco ; les complaisances
que celles de Gênes & de Suisse doivent en-
tretenir sans relâche envers leurs voisins puis-

fans ; tout cela démontre combien la Puiſſance Souveraine , indépendante d'une convention , eſt préférable . pour le bonheur général des Peuples , à celle qui feroit liée à des reſtric- tions , ou à des Pactes nationaux. La plus grande partie de ces conventions autoriſe & maintient des abus nuiſibles , dont l'intro- duction & l'exiſtence font inſéparables de la viciſſitude des circonſtances politiques , natu- relles , ou morales , qui furviennent de temps- en-temps dans le fyſtême des Gouvernemens , & auxquels il eſt alors eſſentiel de remédier.

Auſſi ne paroit-il pas que le pouvoir ou la puiſſance des Chefs de ces Etats mixtes ou républiquains , aſſujettis à ces loix de conven- tion , foit l'objet que le Comte D. W. ait pris en vue dans fon Difcours ; fes queſtions ne parlent que du pouvoir *d'un Monarque* fur la Conſtitution de fes Etats. Il s'agit donc , avant tout , de déterminer ce que c'eſt qu'un Monarque : ce que c'eſt qu'une Conſtitution.

Or , qu'eſt-ce qu'un Monarque ? C'eſt le Chef d'une Nation , (n'importe à quel titre il le foit) obligé par état & par devoir de procurer & conferver à cette Nation qu'il di- rige , le plus grand degré de bonheur dont elle eſt fufceptible.

Pour remplir cette obligation facrée , il doit en avoir le pouvoir ; & ce pouvoir n'eſt pas celui d'un homme fur un autre homme, mais c'eſt un pouvoir de pluſieurs hommes ſur eux-mêmes, exercé par un ſeul, pour faire le plus grand bonheur de tous, pris collectivement, ſans égard pour chacun d'eux en particulier, ſinon pour autant qu'il doit participer à la félicité générale.

De ſorte que ſi quelqu'un d'eux s'oppoſe, par paroles ou actions à l'exercice plein & libre de ce pouvoir, ſi utile à tous ; il ne peut plus être conſidéré comme partie de la Nation, il doit en être cenſé ſéparé, & traité en étranger, par ce même pouvoir ſouverain auquel il a voulu ſe ſouſtraire en s'y oppoſant.

Quand je dis quelqu'un de la Nation, je ne me borne pas à un ſeul individu ; j'y comprends également une partie corporée de la Nation, comme il en exiſte preſque dans toutes les Monarchies ; quelque nombreuſe que puiſſe être cette Corporation, quelle qu'en puiſſe (a) être la nature, elle ne peut jamais être aux yeux du Monarque qu'un petit nombre de la totalité confiée à ſes ſoins.

Et par conſéquent, ſi le pouvoir Souverain

____

(a) Eccléſiaſtique, civile, militaire, juridique. Toutes ces qualifications ne peuvent jamais prévaloir à l'exiſtence du bonheur de la Nation entiere.

exige que , pour *le bonheur de tous collective-*
ment , un membre semblable soit corrigé , chan-
gé , aboli même ; le Monarque en a incontes-
tablement le pouvoir & le droit : je dis plus ,
il est dans la stricte obligation d'user alors
de sa Puissance Souveraine pour l'effectuer ;
puisqu'il doit faire le bonheur général , n'importe par quel sacrifice. En un mot , le Chef
d'une Nation , qui y exerce la Puissance Souveraine , ne doit rien considérer , rien ména-
ger , rien négliger , pour atteindre le but du
pouvoir qu'il a , & qui consiste à y maintenir aux Peuples , qui composent cette Nation ,
le plus grand degré de félicité dont ils sont
susceptibles.

De ce principe , évidemment incontestable ,
dérivent plusieurs vérités qui s'appliqueront
ci-après , lorsque je m'expliquerai sur les deux
questions , traitées dans cet étonnant Discours :
mais , après avoir établi dans le vrai ce que
c'est qu'un *Monarque* , il me reste auparavant
à constater de même ce que c'est que la Constitution d'un Etat.

Celle-ci pourroit être assimilée à la Constitution du corps humain , qui consiste dans la
disposition & la conformation des organes ,
lesquelles , si elles sont bonnes , lui donnent
la force , la santé , la vigueur , &c. nécessaires
au soutien de son existence ; & si elles sont
mauvaises , il en résulte la foiblesse , la ma-

ladie, les langueurs & les vices, qui à la lon-
gue détruisent cette exiftence. L'une Conftitution, ainfi que l'autre, pourroit être parfaitement ou médiocrement bonne : totalement
ou médiocrement mauvaife, vicieufe dans fon
principe, ou le devenir par des changemens
de circonftances : elle pourroit fe foutenir,
s'altérer, devenir chancellante : en un mot,
la Conftitution du Corps de l'Etat pourroit être
en tout fujette aux mêmes viciffitudes, que
la Conftitution Phyfique du Corps humain.

Je me déterminerois volontiers à définir
celle d'un Etat fous ce point de vue. Mais,
j'ai beau parcourir les Hiftoires de l'établiffe-
ment, de la chûte, ou de la divifion des Empires & des Nations, je ne trouve nulle part
des traces d'une Conftitution qui leur auroit
été donnée comme au corps humain, par la
Nature ou fon Auteur ; ou qui y auroit été
raifonnée ou calculée avant que le pouvoir
de les gouverner réfidât dans un feul ou dans
plufieurs Chefs. J'ai trouvé, au contraire, que
ces Chefs, après s'être établis en pouvoir, ont
donné à leurs fujets les Loix conftitutionnelles qu'ils croyoient les plus propres à affurer
le maintien de leur autorité.

De forte que je me crois fondé, pour déterminer au vrai ce que c'eft qu'on appelle
Conftitution d'un Etat, de la définir : *un certain nombre d'ufages & d'habitudes particulieres,*

introduits & *établis* par la suite des temps, comme des objets propres à rendre heureux les Peuples qui les ont adoptés.

La vérité & l'exactitude de cette définition seront complettement reconnues par tous les hommes, dont le cœur & l'esprit ne se laissent point séduire par les passions ou la partialité : la chose est même pleinement confirmée, par tout ce qui arrive actuellement dans l'Amérique Septentrionale, où les treize Etats qui y ont acquis l'indépendance, par la marche ordinaire des choses (la force des armes), travaillent à se former une Constitution légale, qui, en établissant le pouvoir Souverain (car il en faut un par-tout) dans leur union, procure, à chacun d'eux, ainsi qu'à tous collectivement, le plus haut degré de bonheur possible. Un grand homme (a), un sage, aux talens & aux travaux duquel ces Etats sont redevables de leur indépendance, en a formé lui-même un plan judicieux ; & néanmoins une diversité nuisible dans les opinions, en recule, depuis deux ans, la sanction unanime requise pour lui donner la force de loi. Diversité qui s'est manifestée, non-seulement entre plusieurs des treize Souverainetés qui composent la nouvelle République, mais, aussi dans le sein même de chacune

––––––––––

(a) le Général Washington.

de ces Souverainetés : l'une comme l'autre
s'opiniâtrant à s'en tenir aux usages établis
& reçus chez elle, comme les mieux com-
binés avec ses intérêts, au lieu de concourir
à l'établissement de cette uniformi é, qui en
réunissant les intérêts de toutes, est seule ca-
pable d'en rendre le faisceau impossible à rom-
pre. Et il est plus que soutenable que tant
qu'une Puissance Souveraine sur tous ces
treize Etats réunis n'y sera pas reconnue &
exercée sans des oppositions continuelles, cette
nouvelle République sera toujours bien éloi-
gnée de pouvoir se procurer toute la félicité,
toute la force, & toute la vigueur dont elle
est susceptible.

D'après cet exemple des difficultés qui s'op-
posent à l'établissement d'une Constitution na-
tionale, par le vœu unanime de la Nation libre qui semble la désirer ; quel esprit raison-
nable osera encore vanter ou réclamer une
Constitution ?

La République Américaine est peut-être la
seule dans l'Univers, où l'on ait essaié de fonder la Puissance Souveraine sur une Constitution fédérative, unanimement consentie par
tous les Peuples qui forment la République ;
& malgré les avantages vraiment essentiels,
qui en seroient les fruits utiles & heureux,
il est encore incertain, que ce plan d'un sage
Législateur

Législateur ait un jour son effet, même avec des modifications.

Quelle idée peut-on donc se former de toutes ces prétendues Constitutions, faites, j'ose le dire, après coup, lorsque les Etats, les Royaumes, les Empires existoient déjà avec la Puissance Souveraine qui leur avoit donné l'être ? Et que sont encore dans leurs détails la plupart de ces prétendues Constitutions ?

Peut-on en effet donner l'Épithète de constitutionels, à ces soi-disant Privileges, le plus souvent obtenus, ou acquis dans des temps de troubles, en faveur d'une Corporation dans l'Etat, au détriment d'une autre Corporation ? Peut-on l'attribuer à ces entraves mises aux talens, au génie, à l'industrie, par les Privileges de quelques Corps de métier, régis presque par-tout, par des préposés ignorans ou peu habiles, qui n'y admettent que leurs semblables, tandis que l'ouvrier entendu & industrieux croupit dans la misere & l'inaction ? Peut-on réclamer comme Constitutionnelles ces franchises qui exemptent quelques Membres de la Nation de certains devoirs, ou impôts que prescrivent les Loix fondamentales, tandis que les autres Membres sont tenus de les observer rigoureusement ? (a)

(a) Ce qui vient de se développer, par la délibération du Corps municipal de Nantes, sur cet impor-

B

Peut-on encore qualifier Conftitutionnelles ces affociations particulieres de quelques individus de la Nation, fous les titres de Confrairies, de Sermens, &c. dont le but principal n'eft que le plaifir de la table ou d'autres divertiffemens ?

Peut-on enfin réclamer, comme Conftitutionnelles, ces formes anciennes de rendre la juftice aux Peuples, reftes des fiecles Barbares, qui fe font perpétués dans quelques Etats, par l'inertie ou l'indolence des Chefs; & qui, affujettiffant fans ceffe, les foibles, aux intrigues & à la prépondérance des plus riches, ou des plus forts, les expofent fouvent au defpotifme juridique d'un certain nombre de Juges, fur-tout, dans ces Pays, où, ne rendant jamais raifon des motifs de leurs Sentences, ces Juges peuvent impunément les prononcer, d'après les paffions aux-

---

tant objet, conftate ce fait victorieufement. Là il eft repréfenté que fur une fomme de deux millions & demi, qu'importe la feule capitation de la Bretagne, le Tiers-Etat paie à lui feul deux millions & 375 mille livres. Et que la Nobleffe enfemble avec les Privileges ne paie que cent vingt-cinq mille livres, quoique ceux-ci poffedent au moins la moitié des propriétés territoriales.

Des répartitions fi inégales, fi elles pouvoient être conftitutionnelles, feroient le malheur perpétuel des Peres nourriciers de l'Etat.

quelles la fragilité humaine ne fait que trop
souvent fuccomber les cœurs les plus difpofés
à la vertu.

Il faut avouer que de pareils Privileges,
prétendus Conftitutionnels, font plutôt nuifibles qu'utiles à la profpérité générale des Nations. Comment un efprit fenfé pourroit-il
donc, je ne dis point approuver, mais feule-
ment excufer ceux, qui pour les foutenir,
expoferoient leur vie & leur fortune, l'Etat
même, à des fecouffes qui pourroient entraî-
ner la ruine entiere de la Nation?

Je penfe en avoir dit affez pour conftater la véritable effence d'un Monarque, &
pour faire connoître, au jufte, celle d'une
Conftitution : il eft temps, mon cher Abbé,
qu'en appliquant ces principes inconteftables,
à l'examen des deux queftions dont il s'agit,
je m'y explique avec la même évidence. Par
la premiere le Comte D. W. demande, fi
un Monarque a le pouvoir de changer la
Conftitution, *même vicieufe*, des Etats qui
font foumis à fa domination ; & le réfultat de
l'examen qu'il en fait, conclut que le Monarque n'a pas ce pouvoir. Tous les raifonnemens
qui ont déterminé chez lui cette opinion, ne
m'ont fait aucune impreffion ; & je ne puis
me difpenfer d'en avoir une toute contraire ;
un feul argument peut décider la chofe fans
réplique, le voici.

Le Monarque, en sa qualité de Chef de la Nation, doit la faire jouir du plus grand degré de bonheur dont elle est susceptible.

Or, dès que vous convenez qu'une Constitution est essentiellement vicieuse, il est constant qu'elle est opposée à ce degré de bonheur.

Par conséquent le Monarque n'a pas seulement le pouvoir ou le droit de la corriger, si cela suffisoit; mais aussi de la changer s'il le faut, pour qu'il en résulte ce haut degré de bonheur désiré.

Il n'a pas seulement ce droit & ce pouvoir : il est même forcé par son devoir de Chef, de remédier au vice de cette Constitution, par tous les moyens qui résultent de sa Puissance Souveraine.

Je crois fermement qu'en saine Logique, rien ne peut détruire la solidité de cet argument.

Mais, qu'il me soit permis de le corroborer par quelques réflexions.

Le Comte D. W. répete, presqu'à chaque page de son Discours, les termes de Constitution légale, de Contract-Social, d'Accord entre les Nations & leurs Chefs. Et j'ai démontré ci-devant, comment cela se prouve par

la foi qu'on doit à l'Histoire, qu'aucun con-
tract, Constitution, Pacte, ou Accord n'a pré-
cédé l'existence des Empires ou des Nations,
& par conséquent de la Puissance Souveraine.

S'il s'en trouvoit quelqu'une, ce seroit une
exception à cette foi historique qui ne pourroit jamais faire regle.

Il est, au contraire, très-notoire que ce qu'on
appelle Constitutions ou Loix Fondamentales
d'un Etat, s'y est établi par parties successi-
ves, & long-temps après l'existence de la Puissance Souveraine qui le gouvernoit, & le plus
souvent même par la seule volonté de cette
Puissance. Il n'est donc pas possible d'en in-
férer que ces prétendues Constitutions, Pactes, Contrats, ou Accords, soient l'effet de la
volonté générale, en vertu de laquelle les
Peuples qui forment un tel Etat, & chaque individu qui l'habite, seroient soumis à la Puissance Souveraine qui le dirige.

Ce n'est cependant que cette supposition
qui fait la base de tous les raisonnemens du
Discours du Comte D. W. Or, dès que la
base d'une assertion, n'existe que dans une
supposition, l'assertion s'écroule, d'après la foiblesse reconnue d'une semblable base.

Cet axiome est sûr, & appliqué à tous les
argumens du Discours en question, il suffi-

roit feul à y répondre ; mais je ne veux rien laiffer à défirer de tout ce qui peut en confirmer l'infuffifance.

J'ai dit, ci-devant, que la Conftitution d'un Corps de Nation pourroit être affimilée à la Conftitution du Corps humain.

Or, quand la Conftitution de ce dernier eft vicieufe, c'eft au Médecin choifi, ou établi pour la traiter, à la guérir du vice qui y exifte ; foit qu'elle le tienne de fa nature, foit qu'elle l'ait contracté par quelqu'influence étrangere ; & fi c'eft un Corps dont la confervation foit néceffaire ou effentielle au bien de plufieurs, le Médecin doit employer les remedes les plus fûrs, & les appliquer au Corps malade, quand même celui-ci n'y confentiroit pas. Et lorfque le vice menaceroit de gangrener le Corps entier, il doit, fans rien menager, fe fervir des inftrumens tranchants, & en extirper le mal jufqu'à la racine.

De même le Chef qui dirige un Corps de Nation doit foigner la guérifon de tout vice interne, ou autre qui lui feroit nuifible : il doit y employer les remedes convenables, & quand ils devroient être les plus violens, il doit les y appliquer, malgré ce Corps même s'il refufoit la guérifon, fon exiftence étant trop effentielle pour la Poftérité.

C'est un devoir sacré à remplir par ce Chef, & le Comte D. W. voudroit lui en contester le pouvoir ? Il allegue, pour le prouver, qu'il n'est pas permis de couper une jambe à un homme malgré lui, quand même il devroit perdre la vie faute de cette amputation.

Ce paradoxe seroit peut-être admissible dans le cas où il s'agiroit d'un célibataire qui ne tient à rien, & qui préféreroit la mort aux souffrances : mais il ne sauroit l'être dans le cas d'un pere de famille, ou d'un autre homme utile, de la conservation duquel dépend le salut & la prospérité de plusieurs : il ne doit pas être permis à un tel homme d'avoir la volonté de refuser sa guérison.

Le Comte D. W. décide encore (page 12) qu'il est faux que le bonheur soit le but immédiat du gouvernement civil ; il prétend que c'est la sûreté. Il veut donc le faire résider dans une de ses parties seulement ?

Le bonheur d'une Nation consiste à jouir constamment d'une parfaite tranquillité au-dedans, & d'une grande considération au-dehors, ainsi que d'une sûreté complette dans les possessions de tous les membres qui la composent.

Ce bonheur dépend encore de la bonté &

l'exacte observation de ses Loix civiles; de l'existence d'un commerce dont la balance lui soit avantageuse; d'une bonne discipline dans le militaire, qui doit la protéger & la défendre; d'une Police qui veille à la sûreté, à la santé, à la commodité même de chaque individu : toutes ces parties réunies forment le vrai but du gouvernement civil, *le bonheur des Peuples*.

Mais, sans un Chef qui surveille toutes ces parties, avec le droit & le pouvoir d'en diriger l'ensemble vers ce but salutaire, il sera plus que difficile qu'une Nation jouisse de ce bonheur dans toute l'étendue qu'il doit avoir.

Si donc ce Chef ne peut corriger, abolir même les vices naturels ou intrus, si j'ose le dire, dans cette Nation qui s'oppose à l'existence de toutes ces parties ou de quelqu'une d'entr'elles, il s'ensuivra que la Nation sera exposée à voir s'évanouir cette félicité qui doit être le seul but de son gouvernement, & au contraire, quelle tranquillité peut s'élever au-dessus de celle de pouvoir se reposer sur la sagesse d'un Monarque habile, qui veille au plus exact maintien de cette tranquillité, de cette sûreté, de cette police, & généralement de tout ce qui procure la félicité des Peuples qu'il dirige? Toute la peine est pour le Monarque seul, & un état paisible de bonheur en est le fruit pour tous les individus.

Je pourrois, mon cher Abbé, confondre avec la même évidence les autres raisonnemens qui constituent l'opinion du Comte D. W. sur cette premiere question : mais il me semble que ce que je viens d'en dire suffira pour en démontrer l'erreur manifeste à tout esprit impartial, qu'aucun prestige n'éblouit, qu'aucune passion n'aveugle, prêt cependant à entrer dans des détails plus diffus, si vous le jugiez nécessaire.

D'ailleurs si l'objet de ces questions en étoit simplement un de morale ou de métaphysique, la discussion en seroit sans doute susceptible de tous les subterfuges de la phylosophie des Écoles : mais comme cet objet en est proprement un de politique, & de droit public ou naturel, son élucidation n'est pas sujette à tant de subtilités.

Je passe donc à la seconde, dans laquelle le Comte D. W. demande, s'il est de la prudence ou de l'intérêt du Monarque de changer une Constitution évidemment *vicieuse*, & de l'examen qu'il en fait, il résulte de sa part, comme à la premiere, une opinion négative.

Si je n'envisageois que l'intérêt particulier ou personnel d'un Monarque, qui content de posséder toutes les prérogatives du Trône, n'y siege que physiquement, sans s'embarrasser s'il y a des devoirs à remplir ou non, je serois probablement de son avis : voici pourquoi.

Un changement dans ce que l'on appelle
la Constitution d'un Etat, ne peut jamais s'effectuer sans des travaux assidus, sans essuyer
les oppositions les plus fastidieuses ; sans par
conséquent se livrer avec résignation à toutes les
peines qui en sont immanquablement la suite.

Il ne peut donc être ni de la convenance,
ni de l'intérêt de ce Monarque nonchalant,
de s'addonner à un travail nécessairement aussi
long & difficile.

Il agiroit contre son caractere qui le porte
à préférer la tranquille puissance de son autorité, de son pouvoir & de ses plaisirs, au
fracas tumultueux des affaires, & pour qu'aucune ne puisse l'en distraire, il en abandonne
l'administration entiere à ceux des grands de
son Royaume, qui ont su gagner sa confiance,
ou à des favoris, des flatteurs, à des hommes
intriguans, la plupart sans mérite, & souvent
même sans nom & sans naissance ; ceux-ci, qui
cependant possedent le talent adroit d'en ins-
pirer par leurs dehors graves & affectés au
Peuple, qui ne jugent les choses & les hommes que sur les apparences, y gouvernent l'E-
tat à leur gré, & conformément à leurs intérêts particuliers ; tandis que les hommes sa-
vans & vertueux, qui pourroient remédier aux
vices, aux abus, aux maux de l'Etat, lan-
guissent oubliés. Leur influence dans les affaires gêneroit trop les personnages en crédit :

le Monarque satisfait du fasse & de l'orgueil du Trône, ne pense à rien, ne se mêle de rien, & tout va de mal en pis sous la direction de ceux à qui il en abandonne le soin, & qui n'abusent que trop souvent de cette autorité.

Ce n'est donc que sous le regne d'un pareil Souverain que l'opinion du Comte D. W., sur cette seconde question, pourroit être de quelque valeur. Mais sous celui d'un vrai Monarque, qui connoît & sent toute l'étendue de ses obligations, dont l'ame élevée ne redoute d'autre peine, que celle de ne pas remplir tous les devoirs annexés à la Souveraineté, qui ne se refuse à aucune fatigue, à aucun travail qu'il croit nécessaire au soulagement ou à la félicité de ses sujets, qui par conséquent, préfere à la flatteuse jouissance de tous les biens, qu'il ne tiendroit qu'à lui de goûter au suprême degré, la gloire & le plaisir interne de faire des heureux. Un Monarque enfin en tout semblable à celui sous l'Empire duquel nous avons Mr. le Comte D. W. & moi le honheur d'être nés & de vivre.

Son opinion est complettement erronée, & je ne saurois y adhérer sans manquer à mon cœur, à ma raison & à l'évidence.

Un célibataire indolent qui ne laisse pas de postérité, ainsi qu'un Pere de famille peu soucieux de la sienne, laissent ordinairement

aller les chofes comme elles vont, & vége-
tent pendant le temps de leur exiftence phyfique dans l'inaction & l'oifivité ; mais un pere
de famille exact obfervateur des devoirs que
la nature & fon caractere lui impofent, mene
fans ceffe une vie active & laborieufe pour
établir folidement la fortune & le bonheur
de la poftérité à laquelle il a donné l'être.

Ce dernier reconnoîtra indubitablement
qu'il eft de fa prudence & de fon intérêt de
corriger ou de changer tout ce qui s'oppofe
au but de fes foins, de fes veilles & de fes
travaux ; & il ne manquera pas d'exercer en
conféquence tout le pouvoir qu'il a, à remédier à ces abus nuifibles, tandis que le premier ne fongera qu'à éviter tout ce qui lui
occafionneroit de la peine, ou l'obligeroit de
fortir de l'état d'infouciance qu'il confidere
comme fa feule félicité.

Malheureufe la Nation dont le Chef reffem-
bleroit à celui-ci, & heureufe, mais très-
heureufe celle au Souverain de laquelle on
ne peut pas refufer les intentions pures & pa-
ternelles de l'autre. Seroit-il poffible que fans
l'enthoufiafme faux & turbulent des factions,
ou fans l'ambition de quelques inftigateurs
fanatiques & féditieux, une Nation pourroit
refufer à un tel Monarque tout le pouvoir
néceffaire à lui procurer, & à maintenir chez
elle le plus grand degré de bonheur dont elle
eft fufceptible ?

Ne feroit-il pas plus qu'inconféquent , pour ne pas dire abfurde , de s'imaginer que la prudence & l'intérêt d'un Monarque feroit de fouffrir ou tolérer chez cette Nation des vices , dans ce qu'on veut bien appeller fa Conftitution ?

Non , mon cher Abbé , il n'eft point de Moralifte , de Métaphyficien au monde , quelques fubtils , quelques abftraits , quelques féduifans que puiffent être leurs affertions ou leurs fophifmes , qui puiffent perfuader une ame fenfible à fa félicité & à celle de fes Concitoyens , à accéder aux opinions du Difcours du Comte D. W. fur les deux queftions qui en font l'objet ; quant à moi du moins , dénué , comme vous favez , de toute idée de parti , ou de cabale , aimant ma Patrie & mes Concitoyens , chériffant , refpectant , & admirant le Maître auquel la nature & ma naiffance m'ont foumis ; pénétré des vertus qui l'animent , autant que des vérités que je viens de développer , je fuis conftamment convaincu , que rien n'eft plus fondé dans la nature des chofes , rien de plus heureux , ni de plus propre à la profpérité d'une Nation , que d'exifter fous la Puiffance Souveraine d'un Monarque auffi fage & éclairé , qui ait tout le droit & le pouvoir néceffaire pour y maintenir à fes fujets les plus grands degrés de félicité dont ils font fufceptibles.

Et comme je me trouve dans cette position heureuse, je me garde bien de raisonner sur le grand art, l'art si difficile de gouverner les Nations, j'éprouve trop la vérité de ce que dit à ce sujet le Pere Sanleque dans les vers suivants, & à son exemple je ne songe aucunement

A vouloir au hazard, sans guide, & sans aveu,
Pénétrer des secrets, qui pour nous sont mis-
      teres,
Pourquoi fait-on ceci? Que ne fait-on cela?
    Je laisse aux cerveaux frénétiques,
    De nos faïnéans Politiques,
    A sonder ces abîmes-là.
    Tandis que le navire flotte,
    J'ignore jusques-au danger,
Et me confie en tout tranquille passager
    A la sagesse du Pilote.

Je suis avec la plus sincere estime,

MON CHER ABBÉ,

Votre très-humble &
Obéissant Serviteur.